DE SLAG BIJ THERMOPYLAE

De heroïsche val van Leonidas I en de 300 Spartanen

50MINUTES.com

DE SLAG BIJ THERMOPYLAE

De heroïsche val van Leonidas I en de 300 Spartanen

geschreven door Vincent Gentil
vertaald door Nikki Claes

50MINUTES.com

DE SLAG BIJ THERMOPYLAE   **4**

Inleiding   4
Kerngegevens   5

POLITIEKE EN SOCIALE CONTEXT   **6**

De oorsprong van het conflict:
de mediterrane expansie van het Perzische Rijk   6
De Ionische Opstand   6
De Eerste Middeleeuwse Oorlog   7
Het Perzische Rijk, een opkomende macht...   8
Het Griekenland van de steden: een politiek verdeelde ruimte   8
De Tweede Middeleeuwse Oorlog: een massaal offensief   9
Griekse steden organiseren verzet   10

HOOFDROLSPELERS   **12**

Leonidas I, koning van Sparta   12
Xerxes I, grote koning van het Perzische Rijk   15
Mardonios, Perzisch generaal   16

ANALYSE VAN DE STRIJD   **18**

De uitvoering   18
Een voor de Perzen ongunstige beginfase   21
De Griekse terugtrekking en het offer van de Driehonderd   22

IMPACT VAN DE STRIJD   **25**

Aan de militaire kant   25
Op politiek niveau   27
Een strijd met een heilig karakter   28

SAMENGEVAT   **29**

OM VERDER TE GAAN   **31**

Bibliografische bronnen   31
Aanvullende bronnen   32
Films   32
Herdenkingsgebouw   32

DE SLAG BIJ THERMOPYLAE

INLEIDING

In 480 voor Christus, tien jaar na de Eerste Middeleeuwse Oorlog, bereidde het machtige Perzische Rijk een tweede poging voor het Griekse vasteland binnen te vallen, terwijl het Griekse steden in Klein-Azië (het huidige Turkije) en delen van de Griekse eilanden beheerste, evenals Thracië en Macedonië, ten noorden van de Egeïsche Zee. Gedurende de zomer, hoewel een overwinning onmogelijk leek, zetten de Griekse steden hun rivaliteit en probeerden te land en ter zee de weg van het Perzische leger en zijn enorme vloot te blokkeren. Een contingent van enkele duizenden mannen, onder leiding van Leonidas I, koning van Sparta, werd naar de smalle pas van Thermopylae gestuurd, die naar het hart van Griekenland leidt.

De Slag bij Thermopylae behoort tot deze categorie van gebeurtenissen die eeuwenlang de Europese verbeelding hebben gevoed en van geschiedenis tot legende zijn verworden. Wie heeft nog nooit gehoord van Leonidas I en zijn heldhaftige Spartanen, die het opnamen tegen het hele Perzische Rijk aan het begin van het Griekse klassieke tijdperk? Om deze gebeurtenis te benaderen is het dus noodzakelijk de geschiedenis en de legende te ontwarren, en met name de werkelijke militaire en politieke betekenis van Thermopylae ter discussie te stellen: heeft deze slag werkelijk geleid tot de overwinning van de Grieken op de Perzen, of is het belang ervan in de loop der eeuwen vergroot?

KERNGEGEVENS

- **Wanneer was dat?** Augustus 480 BC
- **Waar?** Bij de Thermopylae-pas, de doorgang tussen Noord- en Midden-Griekenland…
- **Context?** De Tweede Middeleeuwse Oorlog (481-479 BC)
- **Strijdlustig?** Het Perzische Rijk tegen de geallieerde Griekse steden, geleid door Sparta
- **Hoofdrolspelers?**
    - Leonidas I, koning van Sparta (ca. 540-480 v. Chr.)
    - Xerxes I, grote koning van het Perzische Rijk (ca. 519-465 v.Chr.)
    - Mardonius, Perzisch generaal (gestorven 479 voor Christus)
- **Resultaat?** Perzische overwinning
- **Slachtoffers?**
    - Grieks kamp: de 300 Spartanen van Leonidas I werden gedood, evenals waarschijnlijk de 700 bondgenoten van Thespian (inwoners van een Griekse stad in Boeotië) en een onbekend aantal Thebanen.
    - Perzisch kamp: veel doden, maar hun aantal is onbekend

POLITIEKE EN SOCIALE CONTEXT

DE OORSPRONG VAN HET CONFLICT: DE MEDITERRANE EXPANSIE VAN HET PERZISCHE RIJK

Het grote Perzische offensief tegen Griekenland in 480 voor Christus kwam niet als een verrassing voor de Griekse steden, die tijd hadden gehad om zich voor te bereiden. Ze waren al lang onderworpen aan de veroverende ambities van het machtige oostelijke rijk.

Grieken onder Perzische heerschappij

De conflictueuze betrekkingen tussen Griekenland en het Perzische Rijk zijn vrij oud. Sinds het midden van de 6E eeuw v.C. zijn de Griekse steden in Klein-Azië onderworpen aan de Perzische heerser, die hun tribuut oplegde, soms garnizoenen, en zich met hun interne aangelegenheden bemoeide. Om de verschillende Griekse steden te controleren, plaatsten de Perzische heersers er soms tirannen die met hun zaak sympathiseerden en die zij steunden en aan de macht hielden.

DE IONISCHE OPSTAND

Terwijl de regio economische voorspoed kende, leidde de toegenomen hardheid van Darius I (koning van de Perzen, ca. 522-486 v.Chr.) tot een opstand in Ionië tussen 499 en 493 v.Chr. Ondanks de steun van Athene en Eretria, die in 498 v.C. resulteerde in de inname van de stad Sardis, de zetel van de Perzische macht in de regio, werden de Grieken uiteindelijk verslagen bij Ladae (ten westen van Miletus). De repressie was zeer hard en de stad Miletus werd met de grond gelijk gemaakt. Darius I, die de Griekse kwestie voor eens en voor altijd leek te willen regelen, bereidde al in 492 v.C. een offensief voor het Griekse vasteland. In dat jaar slaagde de grote koning erin Thracië en Macedonië in Europa te heroveren, gebieden die al in 513 v.C. waren veroverd.

DE EERSTE MIDDELEEUWSE OORLOG

Twee jaar later vond de eerste middeleeuwse oorlog plaats. Darius I's vloot van bijna 600 schepen bestormde Griekenland onder het bevel van de Mede Datis (gestorven na 490 v. De grote koning kon rekenen op veel opstanden, want veel Griekse steden beschouwden elk verzet als zinloos. Athene, dat vrijwel alleen tegenover de indringer stond, slaagde er echter in de Perzen terug te dringen: de geplande landing bij Marathon, in het oosten van Attica, door de hoplieten tegengehouden, vooral omdat de Perzische cavalerie zich bij hun aankomst had teruggetrokken. Deze nederlaag had echter geen invloed op de plannen van de Perzen, die vastbesloten waren hun zoektocht voort te zetten; enkele jaren later begonnen de voorbereidingen voor een nieuwe expeditie.

Aan de vooravond van de invasie van 480 voor Christus wisten de Grieken dus dat Xerxes I, die in 486 zijn vader Darius I was opgevolgd, een nieuwe aanval aan het voorbereiden was.

HET PERZISCHE RIJK, EEN OPKOMENDE MACHT...

Het Perzische Rijk was een uitgestrekt en heterogeen gebied, dat zich uitstrekte van de Indus rivier aan de poort van India tot de Middellandse Zee, en van de Kaukasus tot Arabië en Egypte. Het rijk omvatte dus het land van de Meden, gelegen ten zuiden van de Kaspische Zee – vandaar de naam "Medenoorlogen" die Griekse historici gaven aan de offensieven van Darius I en zijn zoon Xerxes I, in 490 en 480 voor Christus.C. Veroverd door Cyrus II (koning van Perzië, 556-530 vC) vanaf 559 vC, werd het rijk georganiseerd in satrapen (regio's), elk geleid door een hoge notabele, de satraap, benoemd door de grote koning. Er was een satrapie in Sardis, waarvan de Griekse steden in Ionië afhankelijk waren.

Ondanks diverse invasiepogingen bleef de Griekse wereld voor hen een zeer ondergeschikte zorg. De offensieven aan het begin van de vijfde eeuw v.C. kunnen waarschijnlijk worden verklaard door de wens van Darius I om meer de Egeïsche Zee dan Griekenland zelf te domineren. Er zijn geen aanwijzingen voor een systematisch imperialistisch plan of een streven naar een universeel rijk.

HET GRIEKENLAND VAN DE STEDEN: EEN POLITIEK VERDEELDE RUIMTE

Ten tijde van de Slag bij Thermopylae was het grootste deel van Griekenland georganiseerd in steden, d.w.z. kleine onafhankelijke staten met permanente centrale instellingen, een versterkte bovenstad en ontwikkelde ambachtelijke en commerciële activiteiten.

Aan het begin van de ⁵ᵉ eeuw v.C. was Griekenland nog een zeer verdeeld land, waar lokale en regionale oorlogen bijna permanent waren. Sparta (of Lacedemon), dat veel bondgenoten had in de Peloponnesische Liga, was op dat moment de belangrijkste macht, hoewel de stad Athene, die net een nieuwe democratische grondwet had aangenomen, in opkomst was. Na de slag bij Marathon (490 VC) stelde de ontdekking van zilverloodmijnen in het Laurionmassief, in het hart van hun grondgebied, de Atheners in staat een grote oorlogsvloot op te bouwen, het toekomstige instrument van hun overwinningen op de Perzen en van hun overheersing over Griekenland.

Naast deze steden bestaat er nog een meer archaïsche organisatievorm die de Grieken ethnos noemen (van het Griekse woord voor "volk" of "ras"), voornamelijk in de berggebieden in het westen en noorden. In dit geval is er geen hoofdplaats of permanente gemeenschappelijke instellingen, maar een netwerk van min of meer belangrijke dorpen. Dit is het geval in Thessalië, Macedonië en Phocisië (in Noord-Griekenland).

DE TWEEDE MIDDELEEUWSE OORLOG: EEN MASSAAL OFFENSIEF

Zodra hij koning werd in 486 v.C., zette Xerxes I werk van zijn vader voort en besloot een gigantische expeditie tegen Griekenland te plannen:

- werden twee schipbruggen gebouwd over de Hellespont (nu de Straat van Dardanellen), de zeestraat die de doorgang van Azië naar Europa mogelijk maakte;

- wordt een kanaal gegraven om te voorkomen dat de Perzische vloot om het schiereiland Athos heen moet;
- Voedsel wordt vervoerd naar het reeds onderworpen Thracië en Macedonië.

Hoewel we niet over exacte cijfers beschikken, beweert de Griekse historicus Herodotus (ca. 484-420 v.C.) dat de koning kon rekenen op een grote troepenmacht, geschat op ongeveer 200.000 man en 1.000 schepen. De overlevering vermeldt dat het leger zeven dagen en zeven nachten marcheerde voor zijn leider, wat voor de Griekse auteurs een gelegenheid is om te wijzen op de overdaad (hybris) van de Oosterlingen.

In 481 v.C. vertrok Xerxes I uit de hoofdstad Susa naar Sardis, en het volgende voorjaar vertrok het enorme leger en kwam zonder te hebben gevochten in Macedonië aan, terwijl zijn vloot ten noorden van de Egeïsche Zee was gelegerd. In tegenstelling tot de invasie van 490 voor Christus leidt de grote koning de expeditie in eigen persoon, waardoor hij aan het hoofd komt te staan van enkele honderdduizenden soldaten die tijdens hun opmars worden vergezeld door Griekse contingenten die in de doorkruiste landen zijn opgericht en onmiddellijk worden onderworpen als ze dat nog niet waren, zoals Ionië, Thracië, Macedonië en weldra Thessalië.

GRIEKSE STEDEN ORGANISEREN VERZET

Geconfronteerd met dit levensgevaar wisten de Griekse steden hun tegenstellingen opzij te zetten en organiseerden ze snel een gemeenschappelijke strategie: ze kwamen bijeen in Korinthe, verenigden zich in een pan-helleense liga en vertrouwden het bevel over de operaties toe aan de Spartaanse koning Leonidas I. De Thessaliërs, onmiddellijk bedreigd door Xerxes I, stelden toen voor een verdedigingslinie tussen hun land en Macedonië op te richten, maar geconfronteerd met de weigering van de Griekse bond sloten zij zich uiteindelijk aan bij het Perzische kamp. De Grieken kozen ervoor de vijand verder naar het zuiden op te wachten:

- zal de vloot wachten bij Kaap Artemisia, ten noorden van het eiland Evia;
- terwijl een deel van de infanterie bij de Thermopylae-parade wordt gestationeerd.

De strategie is duidelijk: de Perzen blokkeren op smalle plaatsen, waar ze niet al hun troepen kunnen inzetten.

HOOFDROLSPELERS

LEONIDAS I, KONING VAN SPARTA

Leonidas werd in 489 of 488 vC koning van Sparta, samen met Leotychidas (gestorven 469 vC). Hij belichaamde het verzet van heel Griekenland tegen de Perzische invasie, aangezien hij het bevel over het contingent dat het leger van Xerxes I bij Thermopylae tegenhield in 480 voor Christus. We weten weinig over hem, behalve de omstandigheden van zijn toetreding tot het koningschap en zijn rol tijdens de veldslag waarin hij stierf.

 GOED OM TE WETEN.

De stad Sparta werd geregeerd door twee koningen, afkomstig uit twee verschillende koningshuizen, de Agiades en de Eurypontides, vermeende afstammelingen van Hercules. Hun bevoegdheden zijn beperkt, maar beide hebben zeer belangrijke militaire en religieuze functies. Hoewel erfelijk, schijnt de koninklijke macht onderworpen te zijn geweest aan de goedkeuring van de Spartanen, waarbij het bestaan van twee koningen het risico van tirannie beperkte.

Koningen delen hun macht met andere instellingen zoals:

- de gerontes, die een hoog gerechtshof vormen dat de beslissingen van de volksvergadering controleert;
- de eforen, die een soort regering vormen, die de betrekkingen met het buitenland verzekert en de besluiten van de volksvergadering uitvoert;
- de volksvergadering tenslotte, die de gerontes en ephors kiest, stemt over wetten, vrede en oorlog, maar waarvan de werkelijke macht beperkt lijkt.

Leonidas behoorde tot de koninklijke familie van de Agiades en volgde zijn oudere halfbroer Cleomenes, die zonder mannelijke nakomelingen stierf in 490 v.C., op als kleinzoon van koning Anaxandrides. Hij trouwde met Gorgo, de dochter van Cleomenes. Deze toetreding, hoewel onverwacht, was in overeenstemming met het Spartaanse gebruik en lijkt geen aanleiding te hebben gegeven tot enige betwisting.

Leonidas I kwam echter aan de macht in een context waarin het koningschap onder nauwere controle van de burgerij leek te staan:

- Terwijl de twee koningen voorheen samen op veldtocht konden gaan, moet een van hen nu in de stad blijven, waar hij een tegenmacht belichaamt tegen degene die het leger aanvoert. Zo werd Leonidas I alleen naar Thermopylae gestuurd, terwijl Leotychidas in Sparta bleef;
- Hoewel Cleomenes nog steeds het initiatief kon nemen om naar eigen goeddunken een leger op de

been te brengen, het nu gebruikelijk dat de volksvergadering over vrede of oorlog besliste de koning op veldtocht ging.

Wist je dat?

Tijdens een militaire campagne vecht de koning, omringd door een garde gekozen uit de elitetroep, op de voorste rij, op de rechtervleugel. Hij heeft verschillende rechten zoals:

- het recht van leven en dood over zijn mannen;
- het recht om een wapenstilstand te sluiten en bondgenootschappen aan te gaan.

Maar om de vrede te sluiten, moet hij de instemming van de stad krijgen.

Deze neiging verklaart misschien de strikte gehoorzaamheid aan de wet die het optreden van Leonidas I kenmerkt en de vastberadenheid waarmee hij Thermopylae verdedigt, ook al is de positie duidelijk verloren.

Zou hij bang zijn geweest voor represailles als hij niet terugkeerde? De vraag is inderdaad de moeite waard, want de koning is onderworpen aan de controle van de machtige eforen, hoge magistraten die de besluiten van de volksvergadering uitvoeren en de koningen bij hun terugkeer van het platteland ter verantwoording kunnen roepen.

Dit doet echter niets af aan de heldenmoed van de Spartaanse leider en de waarde van zijn militaire actie, die in Sparta, maar ook in de rest van Griekenland tot het einde van de antieke periode en daarna wordt gevierd, zoals het standbeeld dat in de jaren 1950 op de plaats van de slag werd opgericht, nog steeds getuigt.

XERXES I, GROTE KONING VAN HET PERZISCHE RIJK

Xerxes I, zoon en opvolger van Darius I, was 35 jaar oud toen hij in 486 v.C. aan het hoofd van het Perzische Rijk kwam te staan en organiseerde onmiddellijk een groot offensief tegen Griekenland, dat op een grote mislukking uitliep.

Hij behoorde tot de Achaemenidische Perzische dynastie, waarvan hij de vierde heerser was, en regeerde over een uitgestrekt gebied dat door zijn vader verder werd uitgebreid. Zijn bewind werd gekenmerkt door religieuze onverzettelijkheid, vooral tegenover Mesopotamische culten. Buiten het rijk zette hij de door zijn vader begonnen politiek van controle over de Griekse wereld voort en trachtte de vernedering van de nederlaag bij Marathon te wreken.

Het offensief van 480 v.C., dat gigantisch is door de gebruikte middelen, heeft echter ook een strategische logica: de grote koning, die reeds Egypte, het Nabije Oosten, Klein-Azië en Thracië beheerste, wil de gehele Egeïsche Zee controleren door de onderwerping van de Griekse steden aan de Europese verkrijgen. Voor het eerst nam hij zelf de leiding van de expeditie op zich, waarmee hij liet zien hoeveel belang hij eraan hechtte.

Het mislukken van de invasie had geen ernstige gevolgen voor het rijk, aangezien de soevereiniteit van Xerxes I niet werd betwist. Hij is er echter nooit in geslaagd een overeenkomst met de Grieken te sluiten. Het duurde inderdaad tot zijn opvolger Artaxerxes I (465-424 BC) dat de Vrede van Callias werd getekend in 449 BC, waarmee de staat van oorlog met Griekenland officieel werd beëindigd.

Meer in het algemeen moet worden opgemerkt dat met Xerxes I EEN einde kwam aan de Perzische territoriale expansie: hij was de eerste heerser die geen grote externe overwinning behaalde.

Hij werd vermoord in 465 voor Christus, slachtoffer van een van de grootste kwaden van het rijk: hofsamenzwering.

MARDONIOS, PERZISCH GENERAAL

Als neef van de grote koning Xerxes I SPEELDE Mardonius een leidende politieke en militaire rol in de offensieven tegen Griekenland in het begin van de 5^e eeuw v.Chr.

In 492 vC, bij het uitbreken van de Eerste Middeleeuwse Oorlog, leidde hij de expeditie die de heerschappij over Thracië en Macedonië had moeten herstellen, maar stuitte op hevig verzet waarbij hij gewond raakte. Op de terugweg naar Perzië verloor hij een groot deel van zijn vloot in een storm bij de berg Athos.

Herodotus beweert dat Mardonius een sterke invloed had op Xerxes I, die hij overtuigde om opnieuw tegen

Griekenland op te trekken als wraak voor de overwinning van Athene op de Perzen bij Marathon, maar ook omdat "Europa [is] een zeer mooi land, van uitstekende waarde, met allerlei soorten fruitbomen, en dat alleen de koning het verdient in zijn bezit te hebben" (*Historiën*, Boek VII). Hij beroept zich ook op de ervaring van de veldtocht van 492 voor Christus om de koning ervan te overtuigen dat de Grieken nooit een verenigd kunnen vormen en dat velen van hen zich spoedig bij de Perzen zullen aansluiten.

Na de Perzische nederlaag bij Salamis in september 480 v.C. was Mardonius voorstander van een voortzetting van de operaties en een snelle onderwerping van Griekenland over land. Hij bleef gedurende de winter met de beste troepen van het rijk in het noorden van het land en voerde het offensief van 479 vC aan, dat resulteerde in de Perzische nederlaag bij Plataea, waar hij het leven liet aan de troepen van de Spartaan Pausanias (gestorven rond 467 vC), broer van Leonidas I.

ANALYSE VAN DE STRIJD

DE UITVOERING

In augustus 480 v.C., terwijl bij Artemisia (ten noorden van het eiland Evia) een vloot van 280 schepen, voornamelijk Atheense, de Perzen de zeeroute naar het zuiden moest verbieden, rukte een contingent van enkele duizenden mannen op naar het noorden en blokkeerde het defile van Thermopylae, een smalle gang van nauwelijks vijftien meter breed, tussen zee en berg, gedurende ongeveer 1,5 kilometer. Een fortificatie blokkeert de toegang voor degenen die uit het noordwesten komen. De naam van de kloof, die in het Grieks "hete poorten" betekent, komt van de talrijke bronnen die erin ontspringen.

De strijders waren voornamelijk Grieken uit de Peloponnesos en Midden-Griekenland, wier precieze aantal door de geschiedschrijver Herodotus wordt genoemd, maar die naderhand door historici zijn besproken: de meesten kwamen uit de steden Tegea, Mantinea, Korinthe, Thebe en natuurlijk Sparta. In totaal wordt het contingent vandaag geschat op ongeveer 5.000 man. Onder hen was het beroemde elitekorps van de Driehonderd, gekozen om hun militaire kwaliteiten en snel vóór de andere Grieken naar Thermopylae gestuurd om hen aan te moedigen hun angst te overwinnen. Hoewel Herodotus het niet vermeldt, is het waarschijnlijk dat nog eens duizend Spartanen zich bij de expeditie aansloten. Ze stonden allemaal onder bevel van Leonidas I, maar elk contingent gehoorzaamde rechtstreeks aan de militaire leiders van hun stad. Zij vormden slechts een klein deel van de Griekse troepen, die zich voornamelijk voorbereidden op de verdediging van de Isthmus van Korinthe verder naar het zuiden.

Goed om te weten.

Griekse krijgers waren meestal burgers van minstens 21 jaar oud, die allemaal een uitgebreide training hadden ondergaan, die vooral in Sparta veeleisend was. Er waren verschillende elitekorpsen, zoals de Driehonderd van Sparta of het Heilige Bataljon van Thebe, maar hun wijze van rekruteren is niet goed bekend. In teksten worden de Drie Honderd van Sparta regelmatig genoemd als een elite van veldkrijgers, maar zij moeten worden onderscheiden van de *hippeis* (ruiters), een groep van 300 mannen die eveneens een door de magistraten van de stad geselecteerde elite vormden.

Het lijkt erop dat de Peloponnesische steden niet meer mannen naar het noorden wilden sturen, omdat de situatie als zeer gevaarlijk werd beschouwd, terwijl de landengte van Korinthe gemakkelijker te verdedigen leek. Bovendien maakten velen van hen gebruik van de religieuze feesten die toen plaatsvonden om slechts een klein contingent te sturen. Het is bekend dat Sparta in zijn eentje meer dan 6.000 hoplieten had kunnen mobiliseren, maar het hield ze liever zo dicht mogelijk bij zijn grondgebied, in overeenstemming met zijn traditie. Niet alleen twijfelden de Spartanen ongetwijfeld over de te volgen strategie tegenover de Perzische invasie, maar het was ook niet hun gewoonte om grote troepen ver van hun grondgebied te sturen, en wel om twee redenen:

- Enerzijds wilden zij vooral een opstand voorkomen van de Periecanen en Hilots, de inheemse bevolking van de Peloponnesos die zij onderworpen;
- Anderzijds zijn zij gehecht aan hun traditionele hoplitisch model, dat zich verzet tegen verre en avontuurlijke oorlogen, zoals de Atheense historicus Thucydides (ca. 460-395 v.C.) aangeeft, die in dit gedrag een groot verschil met Athene ziet.

 GOED OM TE WETEN.

De Griekse hopliet is een zware infanterist, die zijn naam dankt aan de *hoplon*, waarmee een rond schild van ongeveer een meter in diameter wordt aangeduid, gemaakt van hout of riet, mogelijk bedekt met brons. De andere elementen van zijn uitrusting, die werd ontwikkeld in de 8E en 7E eeuw voor Christus, waren een bronzen helm, cnemids om de benen van de enkels tot de knieën te beschermen, een kuras en soms dijbeenlaarzen en armbanden. De offensieve wapens zijn een houten speer met een bronzen of ijzeren punt, ongeveer 2 meter lang, en een kort recht of gebogen zwaard. Deze zware uitrusting zorgde voor de reputatie van de Griekse krijgers, die de Barbaren "de bronzen mannen" noemden en op wie zij graag een beroep deden als huurlingen.

EEN VOOR DE PERZEN ONGUNSTIGE BEGINFASE

Leonidas I installeert een deel van de Spartanen voor de wal die de parade beschermt en die voor de gelegenheid werd gerestaureerd. De rest van de troepen was gelegerd in de beschutting van deze muur.

Twee dagen lang demonstreerden zijn mannen de superioriteit van de Griekse tactiek: de elitetroepen van Xerxes I en zijn generaal Mardonius, waaronder de Meden en de beroemde Perzische 'Onsterfelijken' (een korps van 10.000 strijders dat voortdurend werd vernieuwd), werden herhaaldelijk afgeslagen door de hoplieten, die vooral uitblonken in terugtrek- en tegenaanvalsmanoeuvres. Hun lansen waren langer dan die van de Perzen en hun grote ronde schilden gaven hen een opmerkelijk voordeel ten opzichte van hun oosterse vijanden. We kennen de details van de verliezen die de Grieken en Barbaren tijdens deze eerste gevechten hebben geleden niet, maar ze waren ongetwijfeld dodelijk voor de indringers.

 GOED OM TE WETEN.

De gevechtstactiek van de hoplieten is een hechte formatie, de falanx, die erop gericht is de vijand af te weren met speren, terwijl men elkaar beschermt met schilden, die elkaar gedeeltelijk overlappen, om een verenigd front te vormen.

De falanx is georganiseerd in vier tot acht rijen diep, wat voorkomt dat het front gebroken wordt als een van de strijders zou vallen. Deze formatie, over het geheel genomen effectief, heeft twee zwakke punten: de vleugels en de achterkant. Deze praktijk, die sterk verschilt van wat de gedichten van Homerus (Griekse epische dichter, 8E eeuw v.C.) beschrijven voor de periode, omvat talrijke strijders die door een sterke samenhang met elkaar verbonden zijn. Het kan dus de uitbreiding van de groep burgers met politieke rechten, die in Griekenland nodig was om aan de oorlog te kunnen deelnemen, hebben bevorderd.

Tegelijkertijd ondervond de Perzische vloot ernstige moeilijkheden: sommige schepen werden vernietigd door een storm bij Kaap Sepias, andere werden verslagen bij Kaap Artemision. Deze vloot, die inderdaad zo talrijk is, worstelt zich in geval van storm naar de rede; tegenover de Grieken, bij de ruige kusten en eilanden van de Egeïsche Zee, heeft ze niet de nodige ruimte om al haar krachten te mobiliseren.

DE GRIEKSE TERUGTREKKING EN HET OFFER VAN DE DRIEHONDERD

Na twee dagen van hevige gevechten hielden de Grieken van Leonidas I nog steeds stand, maar hun positie werd bedreigd door Perzische troepen die, geleid door de Griek Ephialtes (ca. 495-ca. 461 v. Chr.), een bergachtige route vonden die hen in staat stelde voorbij Thermopylae, naar het zuidoosten, te komen. De Phocidiërs, die een contingent van duizend man hadden gemobiliseerd om de berg te bewaken, faalden in deze taak: de Perzen, onder leiding van Hydarnes (521-480 v.Chr.), trokken 's nachts op en bereikten de top zonder gezien te worden. De situatie wordt nog kritieker voor de Grieken omdat de langverwachte versterkingen niet aankomen.

De Perzen daalden af zonder zelfs maar tegen de Phocidiërs te vechten, en gingen rechtstreeks op de troepen van Leonidas I af. Voordat de wurggreep volledig wordt aangetrokken en om een bloedbad te voorkomen, stuurt de Spartaanse koning het grootste deel van zijn krijgers naar het zuiden. Zoals Herodotus opmerkt, is het ook waarschijnlijk dat de angst voor de dood, onvermijdelijk voor degenen die bij Thermopylae zouden blijven, veel Grieken ongeschikt maakte voor de strijd. De Spartaanse leider hield daarom alleen die hoplieten bij zich die vastbesloten waren hun verbintenis tot het einde toe na te komen. De Drie Honderd, gesteund door de strijders van de steden Thespia en Thebe, hielden nog enkele uren stand, tot grote glorie van Sparta, voordat ze tot de laatste man werden afgeslacht, inclusief Leonidas I.

Dit offer werd niet zomaar gebracht en werd niet gebracht omwille van persoonlijke glorie. Inderdaad, voor de Spartanen is falen in de strijd nooit verheven omwille van zichzelf, maar moet het worden aanvaard wanneer de vervulling van de plicht het noodzakelijk maakt. Zo luidt de inscriptie op het graf van de Spartanen die in de slag bij Thermopylae bij Delphi sneuvelden, volgens Herodotus: "Ga in het voorbijgaan aan de Lacedemoniërs vertellen dat wij stierven om de wetten te gehoorzamen". (Boek VII, 228) Gestuurd om de parade zo lang mogelijk vast te houden, volbracht Leonidas I dus perfect zijn opdracht en spaarde daarbij de essentiële contingenten die hem waren toevertrouwd.

IMPACT VAN DE STRIJD

AAN DE MILITAIRE KANT

Griekenland viel binnen

De felle weerstand van de Drie Honderd vertraagde de Perzen enige tijd en stelde de Griekse vloot in staat zich terug te trekken naar Attica alvorens door de Perzen te worden omsingeld, hetgeen de landinvasie van Griekenland tot aan de landengte van Korinthe niet verhinderde. Phocis en Boeotia werden geplunderd, terwijl Attica, verlaten door de Atheners, werd verwoest. Erger nog voor de Atheners, het heiligdom van de Akropolis werd door de Perzen in brand gestoken. Maar ondanks de ramp wezen de Atheners het vredesaanbod VAN Xerxes I af en verzekerden ze de Spartanen dat ze zouden blijven vechten voor de vrijheid van de Grieken.

De Atheners en hun bondgenoten zetten toen alles op hun vloot en in september 480 v.C. gingen de Griekse triers (oorlogsschepen met drie rijen roeiers), onder leiding van Themistocles (Atheens staatsman, 528-462 v.C.), de confrontatie aan met de schepen van de grote Perzische koning in de baai van Salamis. Deze zeeslag pakte uit in het voordeel van de Grieken, die de Perzische vloot wisten te verpletteren.

De terugtrekking van het Perzische leger

Xerxes I, die tot voor kort dacht dat hij de oorlog had gewonnen, besloot terug te keren: de rest van zijn vloot en de meeste van zijn troepen keerden terug naar Ionië (Klein-Azië), ondanks zijn landoverwinningen en de omvang van zijn troepen; zelf vestigde hij zich in Sardis (hoofdstad van Lydië). Alleen de elitetroepen onder leiding van Mardonius bleven in Midden- en Noord-Griekenland. Herodotus neemt aan dat de grote Perzische koning vreesde dat de Grieken de schipbrug over de Hellespont zouden vernietigen en hem zo van zijn bases zouden afsnijden. Maar het is waarschijnlijker dat Xerxes I in deze strategie de Perzische gewoonte volgde, volgens welke het niet de taak van de koning is om militaire operaties te leiden. Bovendien betekende de komst van de winter dat de werkzaamheden moesten gestaakt. Aan het eind van 480 voor Christus was er nog niets beslist en de Grieken verwachtten nieuwe offensieven in de volgende lente.

De Grieken wonnen bij Plataea en Kaap Mycale...

De overwinning bij Salamis begon echter de terugtocht van de Perzen. Aan de andere kant werden de troepen van Mardonius in 479 voor Christus te land verslagen, bij Plataea (in Boeotië). Alle troepen van Griekenland vochten er, goed voor 110.000 krijgers, inclusief de Spartanen die 35.000 hiloten (in Sparta publieke slaven) hadden gemobiliseerd, wat uitzonderlijk was. Tijdens de strijd verloor Mardonius het leven.

In hetzelfde jaar werden de Perzen ook verslagen bij Kaap Mycale in Ionië, wat hun definitieve nederlaag door Griekenland en het einde van de invasies markeerde. Xerxes I was dus de laatste Perzische heerser die Europa binnenkwam. Anderhalve eeuw later werd zijn rijk veroverd door een Griekenland gemobiliseerd rond Alexander de Grote (356-323 v.Chr.).

De opvolging van Leonidas I en de situatie in Sparta

De dood van Leonidas I tijdens de slag bij Thermopylae dwingt de Spartanen snel een opvolger te vinden. Omdat de Spartaanse koning geen belangrijke erfgenaam had, kozen de Spartanen ervoor het regentschap toe te vertrouwen aan zijn neef Pausanias. Pausanias voerde het bevel over het Griekse leger dat bij Plataea tegenover de Perzen stond, terwijl de tweede koning, Leotychidas, het bevel voerde over de vloot die de hoplieten naar Kaap Mycale leidde.

OP POLITIEK NIVEAU

Deze onverwachte overwinning van de Grieken had ernstige politieke gevolgen, met name de hegemonie en invloed van Athene op de hele Griekse wereld in de Egeïsche Zee. De stad nam namelijk de leiding over van de Liga van Delos, een organisatie die belast was met de strijd tegen de dreiging van een oosterse invasie. Het bouwde een immense vloot en schatkist op dankzij de min of meer vrijwillige bijdragen van de andere steden die bij de bond betrokken waren. De Spartanen, die gehecht zijn aan hun autonomie, richten hun inspanningen liever op de Peloponnesos, die zij domineren, dan op overzeese gebieden.

EEN STRIJD MET EEN HEILIG KARAKTER

De slag bij Thermopylae kreeg al snel een heilig karakter, getuige de regels van de Griekse dichter Simonides van Ceos (ca. 556-467 v.Chr.): "Zij die bij Thermopylae stierven, glorieus was hun lot, schitterend hun lot, hun graf is een altaar. (geciteerd door Diodorus van Sicilië, Historische Bibliotheek, XI, 11, 6) Deze woorden, een echo van de woorden die op het graf van de Spartanen in het heiligdom van Delphi waren gegraveerd, zouden voor altijd in het Europese geheugen blijven hangen.

Deze oorlogsperiode in de Griekse geschiedenis heeft sinds de oudheid literatuur geïnspireerd, te beginnen met het tragische toneelstuk De Perzen van Aeschylus (Grieks tragisch dichter, 526-456 v.Chr.), dat rond 472 v.Chr. werd geschreven en waarin hij vooral de Atheense overwinning bij Salamis roemt, maar ook de "Dorische speer", d.w.z. de dapperheid van de Spartaanse hoplieten. 600 jaar later toont Plutarch's (nu verloren gegane) biografie van Leonidas I (Griekse schrijver, 46-125 n.Chr.) de voortdurende bewondering voor de Lacedaemonische leider tot in de Romeinse tijd.

SAMENGEVAT

- In 481 v.C. bereidde de grote Perzische koning Xerxes I, als wraak voor zijn nederlaag bij Marathon en om de Egeïsche Zee te controleren, een invasie van Griekenland voor door een leger van honderdduizenden strijders en meer dan 1000 schepen op te bouwen.

- In de lente van 480 trok het grote leger door Thracië en viel Noord-Griekenland binnen, waardoor het hele schiereiland werd bedreigd.

- Tijdens de zomer hielden de Grieken een congres in Korinthe en kwamen overeen om de landoperaties toe te vertrouwen aan koning Leonidas I van Sparta en de zeeoperaties aan de stad Athene.

- In augustus wist Leonidas I met slechts 5.000 man de Perzische opmars naar het zuiden twee dagen lang te vertragen bij de Thermopylae-pas, een smalle corridor die de indringers verhinderde hun troepen op te stellen, terwijl de Griekse vloot het vijandelijke leger ten noorden van het eiland Evia blokkeerde.

- De Grieken verloren echter het voordeel toen de Perzen erin slaagden de smalle pas te omzeilen. Leonidas I achtte de situatie hopeloos stuurde het grootste deel van zijn troepen terug, maar vocht nog enkele uren met zijn elitekrijgers, de Drie Honderd, waardoor de Griekse vloot zich kon terugtrekken naar Attica.

- De Driehonderd bezweken allemaal in de strijd, maar werden legendarisch, waardoor het militaire prestige van Sparta verder toenam.
- In september redt de zeeslag bij Salamis Griekenland van de Perzische invasie.
- Het volgende jaar in 479 VC, leidden verdere Griekse overwinningen tot de definitieve bevrijding van heel Griekenland uit de greep van Xerxes I.

OM VERDER TE GAAN

BIBLIOGRAFISCHE BRONNEN

BRIANT (Pierre), «Les guerres médiques», in *Le monde grec aux temps classiques. Le ^{Ve} siècle*, t. I, Parijs, Presses Universitaires de France, 1995, p. 27-37.

CHRISTIEN (Jacqueline), RUZÉ (Françoise), *Sparte. Géographie, mythes et histoire*, Parijs, Armand Colin, 2007.

CHRISTIEN (Jacqueline), LE TALLEC (Yohann), *Léonidas. Histoire et mémoire d'un sacrifice*, Parijs, Ellipse, 2013.

FOUCHARD (Alain), *Les systèmes politiques grecs*, Parijs, Ellipses, 2003.

GARLAN (Yvon), *La guerre dans l'Antiquité*, Parijs, Nathan, 1999.

LÉVÊQUE (Pierre), *L'aventure grecque*, Parijs, Armand Colin, 1964.

LÉVY (Edmond), *La Grèce au ^{Ve} siècle*, Parijs, Seuil, 1995.

LÉVY (Edmond), *Sparta. Histoire politique et sociale jusqu'à la conquête romaine*, Parijs, Seuil, 2003.

MALYE (Jean), *La vraie histoire de Sparte et de la bataille des Thermopyles*, Parijs, Les Belles Lettres, 2007.

SCHMIDT (Thomas), "Plutarch, the Political Precepts and the Narrative of the Medieval Wars", in *Cahiers des études anciennes*, XLVI, 2009, geraadpleegd op 5 januari 2014. http://etudesanciennes.revues.org/170

VERNANT (Jean-Pierre), *Problèmes de la guerre en Grèce ancienne*, Parijs, Éditions de l'EHESS, 1985.

AANVULLENDE BRONNEN

HERODOTUS, Historiën, boek VII, Parijs, Les Belles Lettres, 1998.

MALYE (Jean), La vraie histoire des héros spartiates, Parijs, Les Belles Lettres, 2010.

MARGUERON (Jean-Claude), PFIRSCH (Luc), Le Proche-Orient et l'Égypte antiques, Parijs, Hachette Supérieure, 1996.

FILMS

The Battle of Thermopylae (The 300 Spartans) film van Rudolph Maté, met Richard Egan, Ralph Richardson en Diane Baker, 1962.

300, film van Zack Snyder naar het stripboek *300* van Frank Miller en Lynn Varley, met Gerard Butler, Lena Headey en Rodrigo Santoro, 2006.

HERDENKINGSGEBOUW

Monument van de Slag bij Thermopylae, op de plaats van de slag (Griekenland).

*We horen graag van u! Laat
een reactie achter op jouw online bibliotheek
en deel je favoriete boeken op social media!*

50MINUTES.com

IMPROVE YOUR GENERAL KNOWLEDGE
IN THE BLINK OF AN EYE!

www.50minutes.com

De uitgever garandeert de betrouwbaarheid van de gepubliceerde informatie, die echter niet onder zijn verantwoordelijkheid valt.

Master ISBN: 9782808605700
Papier ISBN: 9782808606912
Wettelijk depot: D/2023/12603/118

Digitaal ontwerp: Primento,
de digitale partner van uitgevers.

Milton Keynes UK
Ingram Content Group UK Ltd.
UKHW022100031023
429886UK00010B/685